Pe. Thiago Ap. Faccini Paro

O Caminho

Eucaristia – 3ª Etapa

Diário Catequético e Espiritual do Catequizando

"O que nós ouvimos, o que aprendemos, o que nossos pais nos contaram, não ocultaremos a nossos filhos; mas vamos contar à geração seguinte as glórias do Senhor, o seu poder e as obras grandiosas que Ele realizou." (Sl 78,3-4)

© 2015, Editora Vozes Ltda.
Rua Frei Luís, 100
25689-900 Petrópolis, RJ
www.vozes.com.br
Brasil

1ª edição, 2015.

5ª reimpressão, 2024.

Todos os direitos reservados. Nenhuma parte desta obra poderá ser reproduzida ou transmitida por qualquer forma e/ou quaisquer meios (eletrônico ou mecânico, incluindo fotocópia e gravação) ou arquivada em qualquer sistema ou banco de dados sem permissão escrita da editora.

CONSELHO EDITORIAL
Diretor
Volney J. Berkenbrock

Editores
Aline dos Santos Carneiro
Edrian Josué Pasini
Marilac Loraine Oleniki
Welder Lancieri Marchini

Conselheiros
Elói Dionísio Piva
Francisco Morás
Gilberto Gonçalves Garcia
Ludovico Garmus
Teobaldo Heidemann

Secretário executivo
Leonardo A.R.T. dos Santos

PRODUÇÃO EDITORIAL
Aline L.R. de Barros
Marcelo Telles
Mirela de Oliveira
Otaviano Cunha
Rafael de Oliveira
Samuel Resende
Vanessa Luz
Verônica M. Guedes

Conselho de projetos editoriais
Isabelle Theodora R.S. Martins
Luísa Ramos M. Lorenzi
Natália França
Priscilla A.F. Alves

Projeto gráfico: Ana Maria Oleniki
Diagramação: Jardim Objeto
Ilustração: Alexandre Maranhão
Capa: Ana Maria Oleniki

ISBN 978-85-326-5065-8

Este livro foi composto e impresso pela Editora Vozes Ltda.

Este *Diário Catequético e Espiritual* pertence a:

Nome

Data de Batismo

Pais e/ou responsáveis

Endereço

E-mail

Paróquia

Comunidade

Diocese

Catequista

SUMÁRIO

Apresentação, 7

I PARTE – MEUS ENCONTROS DE CATEQUESE

Meu momento de oração diária, 12

Celebração de entrega da oração do senhor: Pai-Nosso, 13

1º Encontro – A história continua..., 14

2º Encontro – A oração cristã, 17

3º Encontro – A Oração do Senhor, 21

4º Encontro – Rezar como Igreja, 26

5º Encontro – A vida de oração, 31

6º Encontro – Pai-Nosso, 36

7º Encontro – Que estais no céu, 40

8º Encontro – Os sete pedidos, 44

9º Encontro – Santificado seja o vosso Nome, 48

10º Encontro – Venha a nós o vosso Reino, 52

11º Encontro – O Reino: nossa meta!, 56

12º Encontro – Seja feita a vossa vontade, 61

13º Encontro – A vontade de Deus em nós, 66

14º Encontro – Assim na Terra como no Céu, 70

15º Encontro – O pão nosso de cada dia nos dai hoje, 73

16º Encontro – O pão de cada dia, 77

17º Encontro – Sou responsável por minha Igreja, sou dizimista!, 81

18º Encontro – Celebração do Pão, 85

19º Encontro – Perdoai-nos as nossas ofensas, 89

20º Encontro – Assim como nós perdoamos a quem nos tem ofendido, 95

21º Encontro – Deus nos perdoa sempre!, 99

22º Encontro – Os Sacramentos da Igreja, 104

23º Encontro – O Sacramento da Reconciliação, 109

24º Encontro – Celebração da Reconciliação, 113

25º Encontro – Lavados e purificados em Cristo, 117

26º Encontro – Não nos deixeis cair em tentação, 121

27º Encontro – Mas livrai-nos do mal, 125

28º Encontro – Pois vosso é o Reino, o poder e a glória para sempre. Amém., 129

29º Encontro – Preparando a Celebração de Recitação do Pai-Nosso, 133

30º Encontro – Retiro Espiritual, 138

Celebração de Recitação do Pai-Nosso, 142

II PARTE – MEU DOMINGO

Primeira parte – Ciclo do Natal, 152

Segunda parte – Ciclo da Páscoa, 158

Terceira parte – Tempo Comum, 168

Algumas orações cristãs, 186

Carteirinha do Dizimista, 189

APRESENTAÇÃO

Querido(a) catequizando(a),

Iniciamos mais uma etapa da catequese e junto com ela um novo Diário. Nele mais uma vez você irá registrar sua experiência e vivência de fé. De modo especial, nele e em cada encontro de catequese você será apresentado à importância da vida de oração, tendo como modelo a oração que Jesus nos ensinou: o PAI-NOSSO, modelo e inspiração para todos os momentos de oração de nossa vida. Reflita e medite cada parágrafo desta oração.

Que este ajude você mais uma vez a meditar as coisas aprendidas na catequese e aproxime você de Jesus Cristo através da prática da oração.

Pe. Thiago Ap. Faccini Paro

O que é o *Diário Catequético e Espiritual?*

O *Diário* é um complemento da catequese, onde você poderá recordar o que foi refletido nos encontros de catequese e escrever diariamente sua oração, pedidos e agradecimentos a Deus, bem como registrar a sua participação na Santa Missa, meditando o que foi celebrado.

O *Diário* está dividido em duas partes:

I PARTE – MEUS ENCONTROS DE CATEQUESE

Na primeira parte você encontrará orientação para o seu momento de oração diária e os temas dos encontros vivenciados na catequese, algumas atividades para relembrá-los, além de espaço para escrever seus pedidos de oração, agradecimentos e louvores. Todos os dias você poderá registrar como foi o seu momento de oração.

II PARTE – MEU DOMINGO

Na segunda parte do *Diário* você encontrará um espaço para acompanhar as celebrações do Ano Litúrgico e registrar sua participação. Lembramos que a Santa Missa é o ponto alto da nossa fé.

Como usar o *Diário Catequético e Espiritual*

➤ Uma vez por semana medite sobre o seu encontro de catequese e realize as atividades propostas para cada tema. No final, lembre-se das pessoas que você ama e das que pediram e necessitam de oração, escreva o nome de cada uma delas no local indicado no final das atividades e reze por elas no decorrer da semana, durante seu momento de oração pessoal.

➤ Também uma vez por semana, na segunda parte deste livro, depois de ter participado da Santa Missa, escreva o que mais chamou sua atenção na celebração e na Palavra de Deus que foi proclamada.

O que teremos este ano na catequese?

A nossa catequese está recheada de atividades, e sua participação é muito importante. Para isso, é preciso que você esteja atento a todas as datas dos encontros, celebrações e reuniões, convidando de modo especial seus pais ou responsáveis para deles participarem.

➤ Registre ou cole aqui o programa de atividades da catequese que seu catequista irá lhe entregar e lembre-se de consultá-lo sempre junto com sua família.

I PARTE

Meus encontros de catequese

Meu momento de oração diária

Todos os dias faça o seu momento de oração pessoal. Escolha um lugar calmo, tranquilo e ali se coloque em profundo silêncio. Peça que Deus envie seu Espírito para iluminar você. Poderá rezar a oração do Espírito Santo.

Vinde, Espírito Santo,
enchei os corações dos vossos fiéis
e acendei neles o fogo do vosso amor.
Enviai o vosso Espírito, e tudo será criado,
e renovareis a face da terra.

Oremos:
Ó Deus,
que instruístes os corações dos vossos fiéis
com a luz do Espírito Santo,
fazei que apreciemos retamente todas as coisas
segundo este mesmo Espírito
e gozemos sempre da sua consolação.
Por Cristo, Senhor nosso. Amém.

Depois pare, respire fundo e escute a Deus que fala a você no silêncio.

Depois de escutar, faça a sua oração... pedindo... agradecendo...

Este momento, em que você dedica a Deus um pequeno tempo do seu dia, o ajudará a compreender, desde cedo, o tamanho do AMOR de Deus por você e o ajudará a encontrar o sentido da vida.

CELEBRAÇÃO DE ENTREGA DA ORAÇÃO DO SENHOR: PAI-NOSSO

Querido catequizando(a),

Você recebeu das mãos da Igreja a oração que Jesus nos ensinou: o Pai-Nosso, a oração por excelência.

A partir de agora, você meditará e aprofundará cada petição desta oração, bem como terá momentos privilegiados de silêncio, onde poderá fazer sua oração e conversar com Deus.

* Tendo participado da celebração de entrega da oração do Pai-Nosso, registre qual foi a sensação de participar desta celebração e o que você sentiu ao receber o Pai-Nosso impresso, das mãos do Padre, bem como a importância e significado desta celebração para você.

1º Encontro

A história continua...

A fé em Jesus Cristo une famílias, povos e nações; pessoas diferentes, que se unem e formam a Igreja. A oração é o momento por excelência onde sentimos a presença de Jesus e o meio pelo qual mantemos viva a nossa fé.

Leia e medite a passagem bíblica de Mt 18,19-20. Depois, observe a ilustração e escreva palavras que a relacionem ao texto bíblico.

⭐ É hora de pensar e registrar o meu encontro

✳ Como foi o meu primeiro encontro de catequese nessa nova etapa? O que mais gostei?

✳ O que é a fé?

✳ O que é de fundamental importância fazer para manter viva a nossa fé?

✳ O que aprendi que posso ensinar para alguém que não está participando da catequese?

★ Seus pedidos e intenções de oração da semana

➤ Escreva os nomes das pessoas por quem você quer rezar.

➤ Anote situações e motivos que necessitam da sua oração. De modo especial, reze para que as pessoas cultivem a fé.

2º Encontro

A oração cristã

A vida de oração é o que sustenta a fé da comunidade. Em todos os momentos, e de modo especial nos momentos de dificuldade, a Igreja sempre se colocou em oração. Na oração escutamos o Senhor e apresentamos nossos agradecimentos e pedidos.

Leia e medite a passagem bíblica de At 12,5-17. Observe a ilustração e depois escreva uma mensagem para ser partilhada com os colegas e familiares.

✸ É hora de pensar e registrar o meu encontro

✶ Qual a importância da oração para a Igreja e para cada um de nós?

_____

_____

_____

_____

✶ Jesus nos deu o exemplo. Procure em sua Bíblia, nos Evangelhos, situações de Jesus rezando, mostrando a importância da oração aos discípulos e às nossas comunidades. Depois, escreva as citações de cada texto.

✶ Quais são os caminhos e instrumentos que nos auxiliam na oração e no encontro com Jesus?

_____

_____

_____

✶ Com a ajuda de seus pais ou responsáveis, descreva as diversas formas de oração que nos ensina o Catecismo da Igreja Católica (Cf. CIC 2626-2643)?

★ Seus pedidos e intenções de oração da semana

➤ Escreva os nomes das pessoas por quem você quer rezar. Não se esqueça de escrever o nome do seu amigo de catequese pelo qual você se comprometeu a rezar.

➤ Escreva as situações e motivos pelos quais você quer apresentar a Deus seu louvor e súplica.

ESPAÇO COMPLEMENTAR

3º Encontro

A Oração do Senhor

Jesus em vários momentos de sua vida nos ensina, com seu exemplo, a importância da oração. E foi por causa do seu testemunho que os discípulos lhe pediram para que os ensinasse a orar.

Leia e medite a passagem do Evangelho de Mt 6,7-13 e depois escreva uma palavra ou frase que expresse uma atitude importante para ser vivida no seu dia a dia.

✦ É hora de pensar e registrar o meu encontro

✳ Por que o Pai-Nosso é chamado também de Oração do Senhor?

_____
_____
_____
_____
_____
_____

✳ Olhando para a vida e o testemunho de Jesus o que podemos aprender sobre a oração?

_____
_____
_____
_____
_____
_____
_____

✳ Para alcançarmos um bom relacionamento com Deus, além do nosso esforço, são necessárias algumas atitudes. Cite algumas:

✻ Coloque as letras em ordem, formando as palavras, e escolha aquela que completará a frase que mais expressa o que é a oração.

ÃCNFISOOS = _ _ _ _ _ _ _ _ _

O – L – Á – D - O – G – I = _ _ _ _ _ _ _

PARERENDIMETNO = _ _ _ _ _ _ _ _ _ _ _ _ _ _ _

A oração é um momento de _____ entre eu e Deus.

✻ Escreva uma oração agradecendo a Deus por todas as obras da criação.

✴ Seus pedidos e intenções de oração da semana

➤ Escreva os nomes das pessoas por quem você quer rezar.

➤ Anote situações e motivos que necessitam da sua oração.

ESPAÇO COMPLEMENTAR

4º Encontro

Rezar como Igreja

Nossas orações são levadas ao Pai pelo Filho. É Jesus o mediador. Ele nos apresenta ao Pai e se coloca como nosso "intercessor". Assim, na oração da Igreja, homens e mulheres de diversas raças e nações rezam em todo o mundo, através da Liturgia, da oração pessoal e comunitária, pedindo ou agradecendo a Deus em nome de Jesus.

Leia e medite a passagem do Evangelho de Jo 14,1-11 e depois escreva o versículo bíblico que retrata o desenho.

✦ É hora de pensar e registrar o meu encontro

✳ Jesus diz aos discípulos que Ele está no Pai e o Pai está Nele. Como se dá essa comunhão?

✳ Quais os momentos por excelência em que a Igreja se reúne para rezar?

✳ Por que além da oração pessoal é importante rezar em comunidade?

＊ Anote o dia, hora e local em que a comunidade do seu bairro costuma se reunir e convide seus pais ou responsáveis para participar. Depois, faça um desenho retratando essa experiência, como foi esse momento.

★ Seus pedidos e intenções de oração da semana

➤ Escreva os nomes das pessoas por quem você quer rezar.

➤ Escreva as situações e motivos pelos quais você quer apresentar a Deus seu louvor e súplica.

ESPAÇO COMPLEMENTAR

5º Encontro

A vida de oração

A oração é a nossa fortaleza, pois nos aproxima de Deus. É o momento íntimo com o Pai, onde podemos contar nossas aflições, agradecer por algo que recebemos. A verdadeira oração brota do nosso coração e da sinceridade com que procuramos Deus. Por meio da oração nos tornamos próximos de Deus.

Leia e medite a passagem do Evangelho de Mt 6,5-6 e depois escreva uma pequena oração pedindo a Deus o dom da humildade e que Ele fortaleça sua vida de oração.

✱ É hora de pensar e registrar o meu encontro

✱ Qual a importância da oração pessoal diária?

✱ Como podemos nos organizar para criar o costume e o hábito da oração? Descreva passo a passo como você pode colocar isso em prática.

✱ Se você ainda não tem o costume de rezar diariamente, escolha um horário e todos os dias faça a experiência de se colocar na presença de Deus, dialogar com Ele e escutá-lo. Depois, escreva como foram esses momentos.

✳ Faça um desenho retratando como é o seu "cantinho" de oração.

✦ Seus pedidos e intenções de oração da semana

➤ Escreva os nomes das pessoas por quem você quer rezar.

➤ Anote situações e motivos que necessitam da sua oração.

ESPAÇO COMPLEMENTAR

6º Encontro

Pai-Nosso

Chamar Deus de Pai é aceitá-lo como gerador e fonte de vida. É situar-se diante de um Deus PAI. Dirigimo-nos a "Alguém" atento aos desejos e necessidades do nosso coração. Quando pronunciamos esta palavra, "Pai", orientamos todo o nosso ser para o único que nos ama, compreende e perdoa, pois somos seus filhos.

Leia e medite a passagem do texto bíblico de Rm 8,15-17 e depois escreva uma mensagem falando do amor de Deus por nós.

★ É hora de pensar e registrar o meu encontro

✳ Por que Jesus chama Deus de Pai e nos ensina a fazer o mesmo?

_____

_____

_____

_____

_____

_____

✳ Por que ao rezarmos a oração que Jesus nos ensinou dizemos Pai NOSSO e não "Pai meu"?

✳ Quais atitudes preciso desenvolver para não esquecer do próximo, para estar em comunhão com as pessoas e não discriminá-las?

★ Seus pedidos e intenções de oração da semana

➤ Escreva os nomes das pessoas por quem você quer rezar.

➤ Escreva as situações e motivos pelos quais você quer apresentar a Deus seu louvor e súplica.

ESPAÇO COMPLEMENTAR

7º Encontro

Que estais no céu

O Céu não corresponde a um lugar, mas designa a presença de Deus, que não está preso ao espaço ou ao tempo. Quando nos dedicamos a Deus na sua glória e ao próximo em necessidade, quando fazemos a experiência da alegria do amor, quando nos convertemos e nos reconciliamos com Deus, surge então o Céu.

Shutterstock

Leia e medite a passagem bíblica de 2Cor 5,1-5 e depois escreva o versículo bíblico de que você mais gostou.

✦ É hora de pensar e registrar o meu encontro

✳ O que é o Céu?

✳ Qual morada Deus preparou para nós no final de nossa vida terrena?

✳ Escreva como você colocará em prática o gesto concreto proposto no encontro, construindo aqui na Terra um pedacinho do Céu.

✴ Seus pedidos e intenções de oração da semana

➤ Escreva os nomes das pessoas por quem você quer rezar.

➤ Durante esta semana, reze de modo especial pelas pessoas que não acreditam em Deus, que não têm fé. Se desejar, anote a sua oração.

ESPAÇO COMPLEMENTAR

8º Encontro

Os sete pedidos

Quando os discípulos pediram a Jesus que os ensinasse a rezar, Ele, na oração do Pai-Nosso, deixou sete pedidos essenciais para a caminhada cristã. Sete pedidos que não podemos deixar de fazer ao Pai em nossas orações.

Leia e medite a passagem do Evangelho de Mt 7,1-11 e depois escreva uma mensagem para ser partilhada com seus colegas e familiares.

★ É hora de pensar e registrar o meu encontro

✳ Escreva os três primeiros pedidos da oração do Pai-Nosso que têm como objetivo a glória do Pai.

✳ Escreva os quatro pedidos da Oração do Senhor que exprimem os nossos desejos enquanto seres humanos.

✳ As orações dirigidas a Deus sempre iniciam com uma invocação, um chamado. Escreva uma oração a Deus, invocando seu Nome, pedindo a Ele que mantenha você firme em seu seguimento.

✦ Seus pedidos e intenções de oração da semana

➤ Escreva os nomes das pessoas por quem você quer rezar.

➤ Anote situações e motivos que necessitam da sua oração.

ESPAÇO COMPLEMENTAR

9º Encontro

Santificado seja o vosso Nome

Santificar o nome de Deus significa, para nós, respeitar a Deus e aceitar sua presença salvadora em nossa vida, sem pretender manipulá-lo. Significa dar a Ele o lugar devido em nossa vida, em nosso pensar e agir, o lugar devido no nosso coração, sem colocar obstáculos à sua ação salvadora em nós.

Leia e medite a passagem do texto bíblico de Ex 3,1-6 e depois escreva o versículo bíblico que retrata o desenho.

★ É hora de pensar e registrar o meu encontro

✴ Por que Deus não revela o seu nome a Moisés?

✴ Por que é preciso rezar sempre pedindo para que o nome de Deus seja santificado?

✴ As igrejas, capelas e oratórios são lugares por excelência para o encontro com Deus. Como tenho me comportado nesses lugares?

✴ Faça a experiência de ir a uma igreja ou capela e, no silêncio, contemple a presença de Deus naquele lugar. Depois, relate como foi esse momento de contemplar o espaço onde Deus habita.

✦ Seus pedidos e intenções de oração da semana

➤ Escreva os nomes das pessoas por quem você quer rezar.

➤ Escreva as situações e motivos pelos quais você quer apresentar a Deus seu louvor e súplica.

ESPAÇO COMPLEMENTAR

10º Encontro

Venha a nós o vosso Reino

Jesus tem a missão de inaugurar um novo Reino, agora não mais temporal, humano, mas um Reino que irá além desta Terra. Um Reino onde reine verdadeiramente a paz, a igualdade, a fraternidade, o serviço, o AMOR.

Leia e medite a passagem do Evangelho de Mc 4,26-32 e depois escreva uma palavra ou frase que expresse uma atitude importante para ser vivida no seu dia a dia.

✦ É hora de pensar e registrar o meu encontro

✳ O que é o Reino de Deus? Por que pedimos para que ele venha, aconteça?

✳ Quando o Reino de Deus será plenamente inaugurado?

✳ Por que Jesus comparou o Reino de Deus a um grão de mostarda?

✦ Seus pedidos e intenções de oração da semana

➤ Escreva os nomes das pessoas por quem você quer rezar.

➤ Anote situações e motivos que necessitam da sua oração.

ESPAÇO COMPLEMENTAR

11º Encontro

O Reino: nossa meta!

O Reino de Deus é construído a cada dia por pessoas que, com seu testemunho e trabalho por um mundo mais fraterno e solidário, constroem relações mais humanas, instaurando a paz e promovendo a reconciliação, não sendo omissas diante das injustiças e sempre mantendo vivas a esperança e a fé em Deus.

Leia e medite a passagem bíblica de Lc 9,57-62 e depois escreva uma mensagem que tenha aprendido com o Evangelho.

★ É hora de pensar e registrar o meu encontro

✳ Qual é o convite que Jesus nos faz?

✳ O que é preciso fazer para seguir Jesus?

✳ Qual deve ser a meta de todo ser humano para fazer o Reino de Deus se concretizar?

✴ A que você precisa renunciar hoje para seguir Jesus e não olhar para trás?

_____
_____
_____
_____
_____

✴ Escreva no coração as atitudes necessárias para alcançar o Reino de Deus, que os seus colegas de catequese partilharam no encontro.

★ Seus pedidos e intenções de oração da semana

➤ Escreva os nomes das pessoas por quem você quer rezar.

➤ Escreva as situações e motivos pelos quais você quer apresentar a Deus seu louvor e súplica.

ESPAÇO COMPLEMENTAR

12º Encontro

Seja feita a vossa vontade

Em nossa oração devemos sempre pedir para que se cumpra o projeto de Salvação que Deus tem para cada um de nós. Essa é a vontade Dele: que todos nós, que somos suas ovelhas, possamos fazer parte de um mesmo rebanho e possamos merecer a vida eterna. Muitas vezes, fazer a NOSSA vontade é fazer escolhas que podem nos afastar de Deus. Por isso, ao rezar, pedimos para que nossa vontade se una a de Jesus, para participarmos do projeto de Salvação.

Leia e medite a passagem do texto bíblico de 1Tm 2,1-5 e depois escreva uma oração por todos os nossos governantes e autoridades, para que governem com justiça e cumpram a vontade de Deus.

✷ É hora de pensar e registrar o meu encontro

✷ Qual é o seu projeto de vida?

✷ Em seu projeto você reconhece qual é a vontade de Deus para a sua vida? Qual é o projeto que Ele tem para você? Descreva.

✳ Desenhe uma cruz e escreva nela a frase: "Seja feita a vossa vontade", e depois, ao redor, situações que você gostaria que fossem diferentes em sua vida e de sua família.

★ Seus pedidos e intenções de oração da semana

➤ Escreva os nomes das pessoas por quem você quer rezar.

➤ Anote situações e motivos que necessitam da sua oração.

ESPAÇO COMPLEMENTAR

13º Encontro

A vontade de Deus em nós

Deus tem um projeto de Salvação para cada um de nós. Com confiança e humildade, é preciso nos colocarmos na sua presença, escutar a sua voz e deixá-lo nos conduzir pelo Espírito Santo, dando-nos força e coragem para fazer tudo segundo a vontade Dele.

Leia e medite a passagem do Evangelho de Lc 22,39-42 e faça um desenho retratando como Jesus cumpriu plenamente a vontade de Deus. Depois, escreva um versículo do Evangelho para resumir o que você desenhou.

✦ É hora de pensar e registrar o meu encontro

✶ Recordando o encontro de catequese, escreva um pouco do seu projeto de vida, o que você quer para o seu futuro, e como Deus deve estar presente em suas escolhas e decisões.

✦ Seus pedidos e intenções de oração da semana

➤ Recorde e escreva os nomes de familiares e amigos que já partiram e estão junto de Deus. Depois, faça um momento de oração, rezando por cada um deles.

➤ Escreva as situações e motivos pelos quais você quer apresentar a Deus seu louvor e súplica.

ESPAÇO COMPLEMENTAR

14º Encontro

Assim na Terra como no Céu

O Céu e a Terra, na linguagem bíblica, indicam a totalidade da criação, de tudo o que existe. O "Céu" é o lugar próprio de Deus e a "Terra" é o espaço do homem. Nesta perspectiva pedimos a Deus que se realize na Terra, em todo lugar, os seus desígnios, que sua vontade de salvação abrace tudo o que existe, sempre e em todo lugar.

Leia e medite a passagem do Evangelho de Mt 7,21-23 e depois escreva um versículo bíblico ou uma frase sobre o texto.

✦ É hora de pensar e registrar o meu encontro

✳ Que atitudes você precisa realizar para fazer da Terra, do lugar em que vive, um pedacinho do Céu?

_____

_____

_____

_____

_____

✳ Faça um momento de silêncio e de exame de consciência, e pense o que você tem feito que está contra o que Deus quer. Depois, escreva uma oração pedindo perdão pelas vezes que não fez a vontade de Deus e pedindo ao Espírito Santo para conduzir você.

✦ Seus pedidos e intenções de oração da semana

➤ Escreva os nomes das pessoas por quem você quer rezar.

➤ Anote situações e motivos que necessitam da sua oração.

15º Encontro

O pão nosso de cada dia nos dai hoje

Pedir o pão de cada dia significa pedir a Deus o necessário somente para o dia de Hoje, sabendo que a cada dia temos necessidade dele, mas sem a preocupação de juntar bens para o futuro.

Leia e medite a passagem do Evangelho de Mt 6,25-34 e depois escreva uma pequena oração agradecendo a Deus por não nos deixar faltar o necessário para nossa vida.

✸ É hora de pensar e registrar o meu encontro

✴ Ao rezar "o pão nosso de cada dia nos dai hoje", o que estamos pedindo?

_____

_____

_____

_____

_____

✴ Além do "pão material", do que mais você necessita para sobreviver?

_____

_____

_____

_____

✴ Observando a sua realidade, de que "pão" as pessoas precisam?

_____

_____

_____

_____

✴ Com a ajuda dos seus pais ou responsáveis, promova uma coleta de alimentos e roupas e leve para a catequese, para serem doados aos mais pobres. Depois, descreva como foi a experiência de fazer essa arrecadação.

✦ Seus pedidos e intenções de oração da semana

➤ Escreva os nomes das pessoas por quem você quer rezar.

➤ Escreva as situações e motivos pelos quais você quer apresentar a Deus seu louvor e súplica.

ESPAÇO COMPLEMENTAR

16º Encontro

O pão de cada dia

Os cristãos têm por característica a partilha e o amor gratuito, desinteressado, e a sua maior alegria é ir ao encontro dos mais pobres e necessitados, servindo com humildade e generosidade.

Shutterstock

Leia e medite o texto bíblico de At 2,42-47 e depois escreva o versículo bíblico que retrata o desenho.

✦ É hora de pensar e registrar o meu encontro

✳ Quais são as dificuldades que você encontra na família, na escola ou no grupo de amigos, em partilhar ou doar algo que é seu?

_____

_____

_____

_____

_____

✳ Como foi ver toda a turma de catequese se mobilizando para ajudar os mais pobres?

_____

_____

_____

_____

✳ Antes de cada refeição, você tem o costume de louvar e agradecer pelo alimento? Quais as suas palavras e os seus sentimentos durante esse momento?

_____

_____

_____

_____

✳ O que você tem feito para valorizar e não desperdiçar a comida e os alimentos?

★ Seus pedidos e intenções de oração da semana

➤ Escreva os nomes das pessoas por quem você quer rezar.

➤ Anote situações e motivos que necessitam da sua oração.

ESPAÇO COMPLEMENTAR

17º Encontro

Sou responsável por minha Igreja, sou dizimista!

Desde o dia em que fomos batizados, passamos a fazer parte desta grande família que é a Igreja Católica Apostólica Romana. Desde então, assumimos também a responsabilidade pela sua manutenção e pelas obras de evangelização. Ser dizimista é o gesto concreto de se comprometer com o anúncio do Evangelho.

Leia e medite a passagem do Evangelho de Mc 12,41-44 e depois escreva o versículo bíblico que retrata o desenho.

✶ É hora de pensar e registrar o meu encontro

✱ Quais as três dimensões do dízimo em que ele é destinado?

✱ O que é o dízimo e qual a sua importância para a Igreja e para o anúncio do Evangelho?

✱ Quais as coisas que posso deixar de comprar a fim de ter condições de oferecer meu dízimo?

✱ Recorte a carteirinha do dizimista no final do seu Diário e combine com seus pais ou responsáveis um dia para oferecer seu dízimo. Anote o que ficou combinado.

★ Seus pedidos e intenções de oração da semana

➤ Escreva os nomes das pessoas por quem você quer rezar.

➤ Escreva as situações e motivos pelos quais você quer apresentar a Deus seu louvor e súplica.

ESPAÇO COMPLEMENTAR

18º Encontro

Celebração do Pão

O pão de cada dia é alimento do ser humano, fruto do trabalho e da luta cotidiana. Para os cristãos o pão é sinal de unidade e da comunhão entre as pessoas. Jesus escolheu o pão para permanecer entre nós, alimentando-nos com seu amor. O pão torna-se seu Corpo. Assim, comungar do Cristo é partilhar nossos dons, é formar comunidade, é ser um só corpo. Comungar o pão eucarístico é participar do projeto de vida de Jesus.

Leia e medite a passagem do Evangelho de Mc 14,12-16.22-26 e depois complete a ilustração, desenhando o que Jesus tinha na mesa e que ofereceu aos discípulos como alimento, simbolizando seu Corpo e Sangue. Depois, escrevas os versículos bíblicos referentes ao seu desenho.

✦ É hora de pensar e registrar o meu encontro

✳ Como foi participar da celebração do pão? Do que mais gostei e o que aprendi participando dessa celebração?

✳ Por que Jesus escolhe o pão para simbolizar o seu Corpo dado em alimento a nós (Eucaristia)?

_____

_____

_____

_____

✳ O que significa, para você, participar do projeto de vida de Jesus? O que você se sente capaz de realizar e o que lhe falta fazer para partilhar seus dons para estar em união com as pessoas?

★ Seus pedidos e intenções de oração da semana

➤ Escreva os nomes das pessoas por quem você quer rezar.

➤ Anote situações e motivos que necessitam da sua oração.

ESPAÇO COMPLEMENTAR

19º Encontro

Perdoai-nos as nossas ofensas

O pecado é uma falta de resposta ao amor de Deus. É deixar de responder ao projeto de Amor e Salvação que Deus tem para cada um de nós.

Nosso pedido de perdão só é possível se reconhecemos nosso pecado e nossa dívida. Todos somos pecadores, e Deus conhece o coração de cada um de nós e nos perdoa sempre. Deus nos dá os mandamentos e as leis, não para nos oprimir, mas para nos ajudar a viver em plenitude. As leis são para o bem da humanidade.

Leia e medite a passagem do Evangelho de Mc 11,24-25. Depois, complete no desenho a oração que rezamos muitas vezes no ato penitencial da Santa Missa.

Escreva um pedido de perdão, reconhecendo ser pecador e necessitado da misericórdia de Deus.

✦ É hora de pensar e registrar o meu encontro

✷ O que é considerado pecado na oração do Pai-Nosso?

✷ Qual a função e a importância das leis e dos mandamentos?

✷ Procure na Bíblia, no livro do Êxodo, o capítulo e os versículos que elencam os dez mandamentos dados a Moisés, e escreva a citação da passagem bíblica.

✴ Cole no quadro o impresso com os dez mandamentos que você recebeu no encontro de catequese.

✦ Seus pedidos e intenções de oração da semana

➤ Faça um desenho de todos os membros da sua família e depois escreva uma oração pedindo a Deus que abençoe todos eles.

➤ Escreva os nomes das pessoas por quem você quer rezar.

➤ Escreva as situações e motivos pelos quais você quer apresentar a Deus seu louvor e súplica.

ESPAÇO COMPLEMENTAR

20º Encontro

Assim como nós perdoamos a quem nos tem ofendido

O perdão de Deus desperta em nós a capacidade de perdoar, reproduzindo a mesma atitude do Pai. Rezar o Pai-Nosso é ter a consciência de que Deus já ofereceu o seu perdão total gratuitamente em Cristo. Mas só é possível acolher o perdão de Deus abrindo-nos a esse amor misericordioso e criando em nós a mesma atitude. Quem aceita o perdão do Pai se transforma e vive perdoando.

Leia e medite a passagem do Evangelho de Mt 6,14-15 e depois escreva no balãozinho em branco o nome de pessoas que você precisa perdoar por algo que fizeram.

✦ É hora de pensar e registrar o meu encontro

✦ Por que Jesus insiste para perdoarmos se tivermos alguma coisa contra alguém?

✦ Quem é o maior beneficiado quando damos o perdão?

✦ Dar o perdão ao próximo é condição para recebermos o perdão de Deus? Por quê?

✦ Que sentimentos invadem você quando perdoa alguém?

✦ Seus pedidos e intenções de oração da semana

➤ Escreva os nomes das pessoas por quem você quer rezar.

➤ Anote situações e motivos que necessitam da sua oração.

ESPAÇO COMPLEMENTAR

21º Encontro

Deus nos perdoa sempre!

Se o nosso pedido de perdão a Deus não é sincero, o perdão que Deus nos dá não penetra em nosso coração e não tem validade para nós. Só acolhemos o perdão de Deus com sincero arrependimento e reconhecimento de que sem Deus não somos nada.

Leia e medite a passagem do Evangelho de Mt 18,21-35 e depois escreva no balãozinho em branco o nome de pessoas a quem você precisa pedir perdão por tê-las magoado.

✦ É hora de pensar e registrar o meu encontro

✳ Por que o perdão dado ao servo pelo rei é anulado, na parábola que Jesus conta sobre o rei que quis ajustar contas com seus servos (Mt 18,23-34)?

_____

_____

_____

_____

_____

_____

✳ Quantas vezes devemos perdoar o nosso próximo? O que Jesus quis dizer com a expressão "não te digo até sete vezes, mas setenta vezes sete"?

✳ Além de dar o perdão, é preciso também pedi-lo. Escreva uma oração rezando por todas as pessoas que você magoou e às quais precisa pedir perdão.

✶ Confeccione cartões com mensagens incentivando as pessoas a pedirem e darem o perdão e distribua aos amigos e familiares, colocando em suas carteiras na escola, na mesa, antes das refeições, e onde mais sua criatividade o levar. Registre aqui as mensagens.

⭐ **Seus pedidos e intenções de oração da semana**

➤ Escreva os nomes das pessoas por quem você quer rezar.

➤ Escreva as situações e motivos pelos quais você quer apresentar a Deus seu louvor e súplica.

ESPAÇO COMPLEMENTAR

22º Encontro

Os sacramentos da Igreja

Cristo confia à sua Igreja sete Sacramentos visíveis da sua presença, da sua graça, que atingem todas as etapas e momentos importantes da vida do cristão. Os ritos visíveis, sob os quais os Sacramentos são celebrados, significam e realizam as graças próprias de cada Sacramento, produzem fruto naqueles que os recebem. A Igreja, assim, é Sacramento de Cristo, sinal de sua presença, e por meio de sete ritos, distribui a cada fiel a graça de Deus.

Shutterstock

Leia e medite a passagem bíblica de Cl 1,12-23 e depois escreva o versículo que mais chamou a sua atenção.

✸ É hora de pensar e registrar o meu encontro

✶ O que são os Sacramentos da Igreja?
_____
_____
_____
_____
_____

✶ Em cada uma das velas escreva um dos sete Sacramentos da Igreja.

105

✳ Por que Jesus nos deixou o Sacramento da Penitência e qual a sua importância?

✳ São três os atos do penitente para participar do Sacramento da Reconciliação: Arrependimento, Confissão e Cumprimento da penitência. Escreva e ilustre como você explicaria, para um amigo, cada um deles.

✸ Seus pedidos e intenções de oração da semana

➤ Escreva os nomes das pessoas por quem você quer rezar.

➤ Anote situações e motivos que necessitam da sua oração.

ESPAÇO COMPLEMENTAR

23º Encontro

O Sacramento da Reconciliação

O Sacramento da Penitência, chamado também de Sacramento da Reconciliação, da Conversão ou da Confissão, é um dos Sacramentos de Cura da Igreja. O homem, em sua caminhada terrestre, está sujeito aos sofrimentos, à doença, à morte e ao pecado. Cristo, médico de nossas almas e de nossos corpos, que remiu os pecados, quis que sua Igreja continuasse, na força do Espírito Santo, sua obra de cura e salvação, também junto de seus próprios membros.

Leia e medite a passagem do Evangelho de Rm 5,1-11 e depois escreva uma mensagem para compartilhar com seus colegas e familiares.

★ É hora de pensar e registrar o meu encontro

✳ Quais os três atitudes do penitente para que o Sacramento da Penitência seja válido?

✳ Quando devemos nos aproximar do Sacramento da Penitência?

✳ Faça um momento de exame de consciência, preparando-se para a sua primeira confissão, momento de se reconciliar com Deus e com a Igreja, e depois escreva um "ato de contrição".

★ Seus pedidos e intenções de oração da semana

➤ Escreva os nomes das pessoas por quem você quer rezar.

➤ Escreva as situações e motivos pelos quais você quer apresentar a Deus seu louvor e súplica.

ESPAÇO COMPLEMENTAR

24º Encontro

Celebração da Reconciliação

Pecar significa errar o caminho. Quando pecamos nos distanciamos de Deus, saímos da estrada que nos conduz até Cristo. Mas Deus, que é amor e misericórdia, sempre nos dá uma nova oportunidade de retornar, de voltar ao caminho que nos leva até Ele. O Sacramento da Penitência nos reconcilia com Deus, com a Igreja, com o próximo e com toda a criação.

Leia e medite a passagem bíblica de Mt 22,34-40 e depois faça um desenho que ilustre a mensagem deste Evangelho.

✴ É hora de pensar e registrar o meu encontro

✴ No Evangelho, Jesus resume todos os mandamentos em apenas dois? Quais são e por quê?

_____

_____

_____

_____

_____

_____

_____

✴ Como foi participar da celebração penitencial e se aproximar pela primeira vez do Sacramento da Penitência? Quais os sentimentos?

✴ Escreva uma oração de louvor e agradecimento a Deus por sua infinita bondade e misericórdia.

✦ Seus pedidos e intenções de oração da semana

➤ Escreva os nomes das pessoas por quem você quer rezar.

➤ Anote situações e motivos que necessitam da sua oração e os dias em que se dedicará a rezar nestas intenções.

ESPAÇO COMPLEMENTAR

25º Encontro

Lavados e purificados em Cristo

Todos nós fomos lavados e purificados no sangue e na água que jorraram do lado aberto de Cristo na cruz. Ali nasce a Igreja, e com ela a missão de libertar todo homem do pecado. O Sacramento da Reconciliação é fruto da morte e da ressurreição de Cristo.

Foi por amor...

Leia e medite a passagem do Evangelho de Jo 15,10-13 e depois escreva o versículo bíblico que retrata o desenho.

✸ É hora de pensar e registrar o meu encontro

✸ Até que ponto Jesus nos amou? O seu amor o levou a quê?

_____

_____

_____

_____

_____

_____

✸ O que Jesus nos pede para que permaneçamos no seu amor?

✸ Como podemos amar o próximo assim como Jesus nos amou?

* Confeccione cartões com mensagens falando do amor de Deus por nós e distribua aos amigos e familiares. Registre aqui as mensagens.

✦ Seus pedidos e intenções de oração da semana

➤ Escreva os nomes das pessoas por quem você quer rezar.

➤ Anote situações e motivos que necessitam da sua oração.

26º Encontro

Não nos deixeis cair em tentação

Conscientes da nossa condição de pecadores, suplicamos ao Pai que nos dê força e nos ajude a não cair no pecado. Mais do que pedir a Deus que nos liberte das tentações diárias, pedimos a Deus que não nos deixe cair na tentação de recusar o seu Projeto de Salvação, o Reino que Ele nos preparou, e abandonar a fé em Jesus Cristo.

Leia e medite a passagem bíblica de 1Cor 10,12-13 e depois escreva o versículo bíblico que retrata o desenho.

✱ É hora de pensar e registrar o meu encontro

✳ O que queremos dizer ao pedir a Deus que não nos deixe cair em tentação?

_____

_____

_____

_____

_____

✳ Quais devem ser as nossas atitudes, de que fala Jesus, para não cairmos nas tentações?

✳ Faça um momento de reflexão recordando as situações e os lugares em que você é mais tentado a recusar os ensinamentos de Jesus em sua vida. Depois, escreva algumas ações que você pode fazer buscando vencer e prevenir estas ocasiões e situações.

★ Seus pedidos e intenções de oração da semana

➤ Escreva os nomes das pessoas por quem você quer rezar.

➤ Escreva as situações e motivos pelos quais você quer apresentar a Deus seu louvor e súplica.

ESPAÇO COMPLEMENTAR

27º Encontro

Mas livrai-nos do mal

O pedido dirigido a Deus para nos livrar do mal não é apenas para que Ele nos livre das dificuldades e dos males de cada dia, para que vivamos de maneira tranquila e despreocupada. Pedimos ao Pai que nos livre do mal que pode nos afastar do seu Reino, do seu Projeto de Salvação, que pode nos afastar da sua presença.

Leia e medite a passagem do Evangelho de Mt 13,24-30 e depois escreva uma pequena oração pedindo que Deus nos liberte do "joio" semeado em nossa sociedade.

✦ É hora de pensar e registrar o meu encontro

✶ O que pedimos a Deus ao rezar "livrai-nos do mal"?

✶ O mal refere-se a que ou a quem?

✶ Enquanto cristão, o que você pode fazer diante do pecado e da maldade instaurada em nossa sociedade?

★ Seus pedidos e intenções de oração da semana

➤ Escreva os nomes das pessoas por quem você quer rezar.

➤ Anote situações e motivos que necessitam da sua oração.

ESPAÇO COMPLEMENTAR

28º Encontro

Pois vosso é o Reino, o poder e a glória para sempre. Amém

A doxologia final "pois vosso é o Reino, o poder e a glória para sempre", acrescida no Pai-Nosso, retoma os três primeiros pedidos da oração: a glorificação de seu Nome, a vinda de seu Reino e o poder de sua Vontade salvífica.

Leia e medite a passagem bíblica de Ap 5,11-14 e depois escreva o versículo bíblico que retrata o desenho.

✦ É hora de pensar e registrar o meu encontro

✳ O que queremos expressar com a doxologia "pois vosso é o Reino, o poder e a glória para sempre"?

_____

_____

_____

_____

_____

✳ O que significa a palavra "amém" no final de cada oração?

✳ Pesquise e copie a oração do Pai-Nosso na versão ecumênica.

_____

_____

_____

_____

_____

_____

_____

_____

_____

✳ Concluindo toda uma meditação sobre o Pai-Nosso, o que você aprendeu   sobre a importância desta oração?

130

✦ Seus pedidos e intenções de oração da semana

➤ Escreva, após um momento de reflexão, uma oração pedindo que Deus perdoe os seus pecados e um dia conduza você até a vida eterna, no Reino dos Céus.

➤ Escreva os nomes das pessoas por quem você quer rezar.

➤ Escreva as situações e motivos pelos quais você quer apresentar a Deus seu louvor e súplica.

ESPAÇO COMPLEMENTAR

29º Encontro

Preparando a celebração de Recitação do Pai-Nosso

Jesus nos deixou um modelo de oração que é base e fundamento para todas as outras orações. A oração é alimento e sustento na caminhada de todos nós neste mundo. Portanto, a vida de oração é essencial!

Leia e medite a passagem do Evangelho de Lc 11,1-13 e depois escolha uma palavra que expresse uma atitude importante a ser vivida no seu dia a dia.

✴ É hora de pensar e registrar o meu encontro

✳ Como você pode colocar em prática tudo o que aprendeu com a oração do Pai-Nosso? Crie uma história para responder.

* Escreva as sete petições do Pai-Nosso e medite sobre cada uma delas, recordando tudo o que você aprendeu ao longo da catequese este ano.

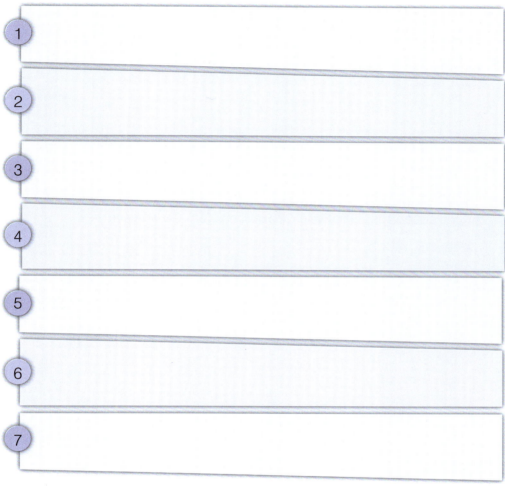

* Escreva o nome das pessoas mais próximas a você e convide-as a participar da celebração de recitação do Pai-Nosso.

_____
_____
_____
_____
_____

✴ Seus pedidos e intenções de oração da semana

➤ Escreva os nomes das pessoas por quem você quer rezar.

➤ Anote situações e motivos que necessitam da sua oração.

ESPAÇO COMPLEMENTAR

30º Encontro

Retiro Espiritual

O retiro espiritual é uma oportunidade por excelência para sairmos da rotina do dia a dia, pararmos um pouco nossas atividades e nos colocarmos na presença do Senhor para escutar sua Palavra e meditar sobre seus ensinamentos. É um momento de intimidade e encontro com Deus.

Escreva a passagem do texto bíblico de que você mais gostou durante o retiro espiritual e medite sobre ela.

★ É hora de pensar e registrar o meu encontro

✱ Escreva, em forma de história, como foi a sua experiência de participar do retiro espiritual. Sobre o que você meditou? Quais as atitudes de mudança e compromissos que você assumiu neste retiro?

✹ Seus pedidos e intenções de oração da semana

➤ Escreva os nomes das pessoas por quem você quer rezar.

➤ Escreva as situações e motivos pelos quais você quer apresentar a Deus seu louvor e súplica.

ESPAÇO COMPLEMENTAR

CELEBRAÇÃO DE RECITAÇÃO DO PAI-NOSSO

Querido catequizando(a),

Você recebeu das mãos da Igreja o PAI-NOSSO, a oração deixada por Jesus aos seus discípulos como modelo de toda oração, e durante toda a terceira etapa da catequese, você, juntamente com seu(sua) catequista, meditou o significado de cada petição que a compõe.

Nas próximas semanas você irá rezar solenemente para toda a Igreja para palavra desta oração. Será mais um momento único e inesquecível para sua caminhada de fé.

Para que essa celebração possa acontecer, é preciso estar bem preparado(a). É preciso que você, seu(sua) catequista e demais catequizandos se dediquem em organizar cada detalhe da celebração, seja convidando os familiares e amigos para participarem, seja ensaiando os cantos da Missa.

Registre quais a suas atividades para ANTES DA CELEBRAÇÃO.

_____

_____

_____

_____

_____

_____

_____

_____

_____

_____

DURANTE A CELEBRAÇÃO, concentre-se e preste bastante atenção em todos os momentos. Depois, registre sua experiência, sem perder de vista os seguintes aspectos:

- Como foi participar e vivenciar esse grande momento de recitar publicamente a oração que o Senhor nos ensinou?

- De qual parte da celebração você mais gostou?

- Quais as palavras ou frases que mais chamaram sua atenção?

- Quem eram as pessoas que você convidou e que estavam presentes?

- Qual a sensação de ser chamado(a) a ir à frente do padre?

- O que você sentiu ao rezar a oração?

DEPOIS DA CELEBRAÇÃO, faça um momento de avaliação pessoal, descrevendo:

- Como você se preparou para este momento?

- Quais foram as suas principais preocupações? Comente sobre elas destacando se tinham sentido ou se foram geradas pela sua ansiedade.

- Qual o compromisso que você assume diante de Deus e da Igreja ao concluir mais esta etapa?

ESPAÇO COMPLEMENTAR

ESPAÇO COMPLEMENTAR

II PARTE

Meu domingo

Nas próximas páginas, querido catequizando, você irá relatar, a partir da Liturgia da Palavra ouvida e meditada em cada celebração dominical (Missa), o que mais chamou a sua atenção e como você poderá colocar isso em prática no seu dia a dia.

Mas por que devo ir à missa todo o domingo?

O domingo, para nós cristãos, é o dia por excelência para nos encontrarmos com Deus, dia de festa onde celebramos a "Páscoa Semanal"; memória do dia em que fomos libertos da morte e recebemos a vida nova em Cristo. Dia de nos reunirmos em comunidade para partilhar a Palavra e repartir o Pão do Corpo e Sangue de Cristo.

A cada domingo, somos chamados a celebrar, viver e testemunhar o mistério da Páscoa (Paixão, Morte e Ressurreição de Jesus), atualizando-o em nossas vidas.

Organizando-se para participar da missa

Converse com a sua família e combinem um horário para todos os domingos participarem juntos da Santa Missa. Se acaso algum domingo tiverem outra atividade, organizem-se e participem em outro horário. Se forem viajar, procurem uma igreja próxima. O importante é não faltar à Missa. Deus sempre deve ser colocado em primeiro lugar em nossas vidas.

O que devo fazer após participar da missa?

Ao participar da Santa Missa, preste atenção qual domingo do Ano Litúrgico está sendo celebrado, pois você terá uma folha para cada domingo, para escrever o que foi meditado em cada celebração.

Para facilitar sua atividade, dividimos os domingos em três tempos, como sugere a organização do Ano litúrgico:

Primeira parte: Ciclo do Natal

Segunda parte: Ciclo da Páscoa

Terceira parte: Tempo Comum

Mas o que é o Ano Litúrgico mesmo?

A Igreja, guiada pelo Espírito Santo, organizou-se, no decorrer dos séculos, para que os fiéis celebrassem e vivessem da melhor maneira sua fé no Cristo Ressuscitado. Para isso, criou seu próprio calendário, chamado de "Ano Litúrgico".

O Ano Litúrgico é composto por dois grandes ciclos, Natal e Páscoa, e por um longo período de 33 ou 34 semanas chamado de Tempo Comum.

Por que as cores se modificam nas celebrações?

As cores litúrgicas usadas nas celebrações se modificam para identificar o fato e o tempo do Ano litúrgico que estamos vivendo.

Vamos ler sobre cada uma para compreender o que elas representam.

ROXO — Cor da penitência. É uma cor forte, que nos leva a refletir, a pensar sobre as mudanças de vida que desejamos fazer. É usada no Tempo do Advento e da Quaresma, e ainda pode ser usada nos Ofícios e Missas dos fiéis defuntos.

BRANCO — Sinal de festa, pureza, alegria. Expressa sempre a cor da vitória da Luz sobre as trevas, da Vida sobre a morte, além de se referir à cor da roupa dos batizados que lavaram e alvejaram suas roupas em Cristo (Ap 7,13-14). É a cor usada no Tempo do Natal e no Tempo Pascal, nas festas do Senhor, de Nossa Senhora, dos anjos e dos santos não mártires. Em dias mais solenes podem ser usadas cores similares ao branco: cinza, pastel, bege, palha, prata, dourado.

VERDE — Cor da esperança, natureza, referência à esperança da segunda vinda de Jesus. É usada em todo o Tempo Comum, tempo de espera, sem grandes acontecimentos.

VERMELHO — Aparece sempre relacionado ao fogo do Espírito Santo e ao sangue dos mártires. Usado no Domingo de Ramos e na sexta-feira da Semana Santa, em Pentecostes e nas festas dos apóstolos e dos santos mártires.

ROSA — Prenúncio da alegria, simboliza que a festa se aproxima. Pode ser usado no 3º Domingo do Advento e no 4º Domingo da Quaresma.

Ano Litúrgico

Observe a ilustração do Calendário Litúrgico e escreva, em cada quadro à sua volta, o que celebramos de importante em cada tempo do Ano Litúrgico:

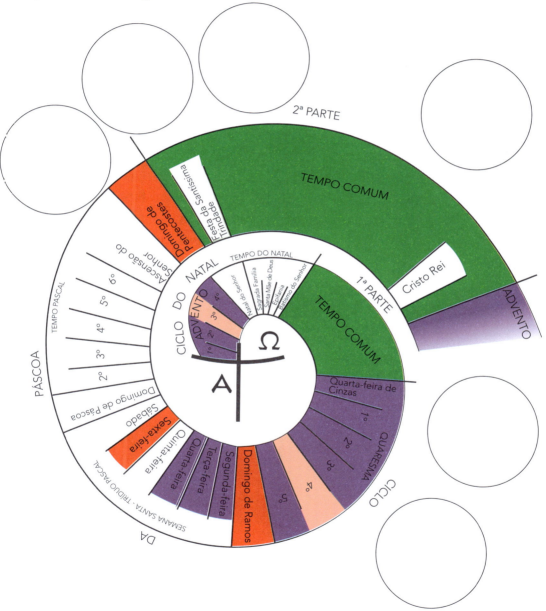

A cada ciclo e a cada domingo vamos meditar sobre a vida de Jesus e seus ensinamentos. Deixemos Cristo transformar a nossa vida. Uma boa celebração a todos!

Primeira parte – CICLO DO NATAL

O Ano Litúrgico da Igreja não coincide com o ano civil. Ele tem início com o **Advento**, período de alegre espera, de esperança, de preparação para a chegada de Cristo, que vem no **Natal**, e também de seu retorno, sua segunda vinda. Após as quatro semanas do Advento celebramos o mistério da encarnação e do nascimento de Jesus no Natal. O Verbo se faz carne e vem habitar entre nós.

No domingo depois do Natal celebramos a festa da Sagrada Família, a Solenidade de Maria Mãe de Deus em 1º de Janeiro e, no domingo seguinte, a **Epifania**, onde Jesus se manifesta às nações como o Filho de Deus.

O ciclo do Natal se encerra com a celebração do Batismo do Senhor, que marca o início da missão de Jesus, que culminará com a Páscoa.

LITURGIA DA PALAVRA

MEU DOMINGO
1º Domingo do Advento

Data: ____/____/____

1ª Leitura:

Cor litúrgica usada ○

Qual foi a resposta do salmo:

2ª Leitura:

Evangelho:

Descreva nas linhas uma mensagem que você tirou da Liturgia da Palavra e de toda celebração:

_____

_____

_____

_____

_____

MEU DOMINGO
2º Domingo do Advento

Data: ____/____/____

1ª Leitura:

Cor litúrgica usada ○

Qual foi a resposta do salmo:

2ª Leitura:

Evangelho:

Descreva nas linhas uma mensagem que você tirou da Liturgia da Palavra e de toda celebração:

_____

_____

_____

_____

_____

LITURGIA DA PALAVRA

MEU DOMINGO
3º Domingo do Advento

Data: ____/____/_____

1ª Leitura:

Cor litúrgica usada ◯

Qual foi a resposta do salmo:

2ª Leitura:

Evangelho:

Descreva nas linhas uma mensagem que você tirou da Liturgia da Palavra e de toda celebração:

_____

_____

_____

_____

_____

MEU DOMINGO
4º Domingo do Advento

Data: ____/____/_____

1ª Leitura:

Cor litúrgica usada ◯

Qual foi a resposta do salmo:

2ª Leitura:

Evangelho:

Descreva nas linhas uma mensagem que você tirou da Liturgia da Palavra e de toda celebração:

_____

_____

_____

_____

_____

LITURGIA DA PALAVRA

MEU DOMINGO
Celebração do Natal

Data: ____/____/____

1ª Leitura:

Cor litúrgica usada ◯

Qual foi a resposta do salmo:

2ª Leitura:

Evangelho:

Descreva nas linhas uma mensagem que você tirou da Liturgia da Palavra e de toda celebração:

_____

_____

_____

_____

_____

MEU DOMINGO
Festa da Sagrada Família de Jesus, Maria e José

Data: ____/____/____

1ª Leitura:

Cor litúrgica usada ◯

Qual foi a resposta do salmo:

2ª Leitura:

Evangelho:

Descreva nas linhas uma mensagem que você tirou da Liturgia da Palavra e de toda celebração:

_____

_____

_____

_____

_____

LITURGIA DA PALAVRA

1º DE JANEIRO
Solenidade da Santa Mãe de Deus

Data: ____/____/____

1ª Leitura:

Cor litúrgica usada ◯

Qual foi a resposta do salmo:

2ª Leitura:

Evangelho:

Descreva nas linhas uma mensagem que você tirou da Liturgia da Palavra e de toda celebração:

_____

_____

_____

_____

MEU DOMINGO
Solenidade da Epifania do Senhor

Data: ____/____/____

1ª Leitura:

Cor litúrgica usada ◯

Qual foi a resposta do salmo:

2ª Leitura:

Evangelho:

Descreva nas linhas uma mensagem que você tirou da Liturgia da Palavra e de toda celebração:

_____

_____

_____

_____

LITURGIA DA PALAVRA

MEU DOMINGO
Festa do Batismo do Senhor

Data: _____ / _____ / _____

1ª Leitura:

Cor litúrgica usada ◯

Qual foi a resposta do salmo:

2ª Leitura:

Evangelho:

Descreva nas linhas uma mensagem que você tirou da Liturgia da Palavra e de toda celebração:

_____

_____

_____

_____

_____

Segunda parte – CICLO DA PÁSCOA

O ciclo da Páscoa começa com a celebração da **Quarta-Feira de Cinzas**. Iniciamos assim a **Quaresma**. São 40 dias nos quais a Igreja nos convida de maneira especial à prática da caridade, penitência, oração, jejum e, principalmente, conversão. Durante a Quaresma não se canta "aleluias", nem o hino de louvor, e evita-se ornamentar as igrejas com flores. A Conferência Nacional dos Bispos do Brasil (CNBB) propõe a cada ano, durante este período, uma vivência concreta de gestos de fraternidade em torno de um tema comum. É a chamada Campanha da Fraternidade. Assim, a Quaresma se reveste de um significado atual dentro de um convite à reflexão e à prática do amor fraterno.

Ao final da Quaresma, inicia-se a **Semana Santa**, que vai desde o **Domingo de Ramos**, onde celebramos a entrada triunfal de Jesus em Jerusalém, anunciando a proximidade da Páscoa, até o **Domingo de Páscoa**.

De quinta-feira a sábado celebramos o **Tríduo Pascal**. A liturgia nos propõe que na quinta-feira pela manhã se celebre a Missa dos Santos Óleos, onde nossos presbíteros (padres), unidos ao bispo, fazem a renovação do seu compromisso assumido no dia de sua ordenação; também são abençoados os óleos dos enfermos e dos catecúmenos, e consagrado o óleo do santo crisma (em algumas dioceses essa celebração, por questão pastoral, é realizada na quarta-feira à noite). A Quinta-Feira Santa é o dia em que recordamos a instituição da Eucaristia. A Sexta-Feira Santa é o único dia do ano em que não se celebra os Sacramentos, mas sim a Paixão e Morte de Jesus. No Sábado Santo é o dia da **Vigília Pascal**, a vigília mais importante, na qual celebramos a Ressurreição do Senhor.

Cinquenta dias após a Páscoa, celebramos o **Pentecostes**, que assinala o início da missão da Igreja iluminada pela presença vivificadora do Espírito Santo. No domingo anterior ao domingo de Pentecostes, a Liturgia celebra a festa da Santíssima Trindade.

LITURGIA DA PALAVRA

QUARTA-FEIRA DE CINZAS

Data: ___/___/___

1ª Leitura:

Cor litúrgica usada ◯

Qual foi a resposta do salmo:

2ª Leitura:

Evangelho:

Descreva nas linhas uma mensagem que você tirou da Liturgia da Palavra e de toda celebração:

_____
_____
_____
_____
_____

MEU DOMINGO
1º Domingo da Quaresma

Data: ___/___/___

1ª Leitura:

Cor litúrgica usada ◯

Qual foi a resposta do salmo:

2ª Leitura:

Evangelho:

Descreva nas linhas uma mensagem que você tirou da Liturgia da Palavra e de toda celebração:

_____
_____
_____
_____
_____

LITURGIA DA PALAVRA

MEU DOMINGO
2º Domingo da Quaresma

Data: ____/____/____

1ª Leitura:

Cor litúrgica usada ◯

Qual foi a resposta do salmo:

2ª Leitura:

Evangelho:

Descreva nas linhas uma mensagem que você tirou da Liturgia da Palavra e de toda celebração:

_____
_____
_____
_____
_____

MEU DOMINGO
3º Domingo da Quaresma

Data: ____/____/____

1ª Leitura:

Cor litúrgica usada ◯

Qual foi a resposta do salmo:

2ª Leitura:

Evangelho:

Descreva nas linhas uma mensagem que você tirou da Liturgia da Palavra e de toda celebração:

_____
_____
_____
_____
_____

LITURGIA DA PALAVRA

MEU DOMINGO
4º Domingo da Quaresma

Data: _____ / _____ / _____

1ª Leitura:

Cor litúrgica usada ◯

Qual foi a resposta do salmo:

2ª Leitura:

Evangelho:

Descreva nas linhas uma mensagem que você tirou da Liturgia da Palavra e de toda celebração:

_____

_____

_____

_____

_____

MEU DOMINGO
5º Domingo da Quaresma

Data: _____ / _____ / _____

1ª Leitura:

Cor litúrgica usada ◯

Qual foi a resposta do salmo:

2ª Leitura:

Evangelho:

Descreva nas linhas uma mensagem que você tirou da Liturgia da Palavra e de toda celebração:

_____

_____

_____

_____

LITURGIA DA PALAVRA

MEU DOMINGO
Domingo de Ramos da Paixão do Senhor

Data: ___/___/_____

1ª Leitura:

Cor litúrgica usada ◯

Qual foi a resposta do salmo:

2ª Leitura:

Evangelho:

Descreva nas linhas uma mensagem que você tirou da Liturgia da Palavra e de toda celebração:

_____
_____
_____
_____
_____

QUINTA-FEIRA SANTA
Missa da Ceia do Senhor

Data: ___/___/_____

1ª Leitura:

Cor litúrgica usada ◯

Qual foi a resposta do salmo:

2ª Leitura:

Evangelho:

Descreva nas linhas uma mensagem que você tirou da Liturgia da Palavra e de toda celebração:

_____
_____
_____
_____
_____

LITURGIA DA PALAVRA

SEXTA-FEIRA DA PAIXÃO DO SENHOR

Data: ____/____/____

Cor litúrgica usada ◯

1ª Leitura:

Qual foi a resposta do salmo:

2ª Leitura:

Evangelho:

Descreva nas linhas uma mensagem que você tirou da Liturgia da Palavra e de toda celebração:

_____
_____
_____
_____
_____

SÁBADO SANTO VIGÍLIA PASCAL

Data: ____/____/____

Cor litúrgica usada ◯

1ª Leitura:

Qual foi a resposta do salmo:

2ª Leitura:

Evangelho:

Descreva nas linhas uma mensagem que você tirou da Liturgia da Palavra e de toda celebração:

_____
_____
_____
_____
_____

LITURGIA DA PALAVRA

MEU DOMINGO
Domingo da Páscoa

Data: ____/____/_____

1ª Leitura:

Cor litúrgica usada ◯

Qual foi a resposta do salmo:

2ª Leitura:

Evangelho:

Descreva nas linhas uma mensagem que você tirou da Liturgia da Palavra e de toda celebração:

_____
_____
_____
_____
_____

MEU DOMINGO
2º Domingo da Páscoa

Data: ____/____/_____

1ª Leitura:

Cor litúrgica usada ◯

Qual foi a resposta do salmo:

2ª Leitura:

Evangelho:

Descreva nas linhas uma mensagem que você tirou da Liturgia da Palavra e de toda celebração:

_____
_____
_____
_____
_____

LITURGIA DA PALAVRA

MEU DOMINGO
3º Domingo da Páscoa

Data: ___/___/_____

1ª Leitura:

Cor litúrgica usada ◯

Qual foi a resposta do salmo:

2ª Leitura:

Evangelho:

Descreva nas linhas uma mensagem que você tirou da Liturgia da Palavra e de toda celebração:

_____
_____
_____
_____
_____

MEU DOMINGO
4º Domingo da Páscoa

Data: ___/___/_____

1ª Leitura:

Cor litúrgica usada ◯

Qual foi a resposta do salmo:

2ª Leitura:

Evangelho:

Descreva nas linhas uma mensagem que você tirou da Liturgia da Palavra e de toda celebração:

_____
_____
_____
_____
_____

LITURGIA DA PALAVRA

MEU DOMINGO
5º Domingo da Páscoa

Data: ____/____/_____

1ª Leitura:

Cor litúrgica usada ◯

Qual foi a resposta do salmo:

2ª Leitura:

Evangelho:

Descreva nas linhas uma mensagem que você tirou da Liturgia da Palavra e de toda celebração:

_____

_____

_____

_____

_____

MEU DOMINGO
6º Domingo da Páscoa

Data: ____/____/_____

1ª Leitura:

Cor litúrgica usada ◯

Qual foi a resposta do salmo:

2ª Leitura:

Evangelho:

Descreva nas linhas uma mensagem que você tirou da Liturgia da Palavra e de toda celebração:

_____

_____

_____

_____

_____

LITURGIA DA PALAVRA

MEU DOMINGO
Solenidade da Ascensão do Senhor

Data: ____/____/_____

1ª Leitura:

Cor litúrgica usada ⭕

Qual foi a resposta do salmo:

2ª Leitura:

Evangelho:

Descreva nas linhas uma mensagem que você tirou da Liturgia da Palavra e de toda celebração:

_____
_____
_____
_____
_____

MEU DOMINGO
Solenidade de Pentecostes

Data: ____/____/_____

1ª Leitura:

Cor litúrgica usada ⭕

Qual foi a resposta do salmo:

2ª Leitura:

Evangelho:

Descreva nas linhas uma mensagem que você tirou da Liturgia da Palavra e de toda celebração:

_____
_____
_____
_____
_____

Terceira parte – TEMPO COMUM

Após celebrarmos o Batismo do Senhor iniciamos o chamado **Tempo Comum**, que é constituído por 33 ou 34 semanas. O Tempo Comum se inicia na segunda-feira e se estende até a terça-feira anterior à Quarta-feira de Cinzas, onde é interrompido e dá lugar ao ciclo da Páscoa e retomado na segunda-feira após o Domingo de Pentecostes, que se estende até o sábado anterior ao 1º domingo do Advento.

É um tempo destinado ao acolhimento da Boa-nova do Reino de Deus anunciado por Jesus.

Alguns domingos do Tempo Comum poderão ceder lugar a algumas solenidades como, por exemplo, o 1º domingo do Tempo Comum, que cede lugar à Festa do Batismo do Senhor, bem como outros domingos do Tempo Comum que dão lugar a Pentecostes, a Solenidade da Santíssima Trindade, a Solenidade de São Pedro e São Paulo, a Solenidade da Assunção de Nossa Senhora, a Solenidade de Todos os Santos e a Solenidade de Nosso Senhor Jesus Cristo Rei do Universo. Quando isso ocorre, a cor litúrgica do Tempo Comum também é modificada para identificar o fato/o momento/o acontecimento que está sendo celebrado.

LITURGIA DA PALAVRA

MEU DOMINGO
2º Domingo do Tempo Comum

Data: ___/___/___

1ª Leitura:

Cor litúrgica usada ◯

Qual foi a resposta do salmo:

2ª Leitura:

Evangelho:

Descreva nas linhas uma mensagem que você tirou da Liturgia da Palavra e de toda celebração:

_____
_____
_____
_____
_____

MEU DOMINGO
3º Domingo do Tempo Comum

Data: ___/___/___

1ª Leitura:

Cor litúrgica usada ◯

Qual foi a resposta do salmo:

2ª Leitura:

Evangelho:

Descreva nas linhas uma mensagem que você tirou da Liturgia da Palavra e de toda celebração:

_____
_____
_____
_____
_____

LITURGIA DA PALAVRA

MEU DOMINGO
4º Domingo do Tempo Comum

Data: _____ / _____ / _____

Cor litúrgica usada ◯

1ª Leitura:

Qual foi a resposta do salmo:

2ª Leitura:

Evangelho:

Descreva nas linhas uma mensagem que você tirou da Liturgia da Palavra e de toda celebração:

_____
_____
_____
_____
_____

MEU DOMINGO
5º Domingo do Tempo Comum

Data: _____ / _____ / _____

Cor litúrgica usada ◯

1ª Leitura:

Qual foi a resposta do salmo:

2ª Leitura:

Evangelho:

Descreva nas linhas uma mensagem que você tirou da Liturgia da Palavra e de toda celebração:

_____
_____
_____
_____

LITURGIA DA PALAVRA

MEU DOMINGO
6º Domingo do Tempo Comum

Data: ____/____/_____

1ª Leitura:

Cor litúrgica usada ◯

Qual foi a resposta do salmo:

2ª Leitura:

Evangelho:

Descreva nas linhas uma mensagem que você tirou da Liturgia da Palavra e de toda celebração:

_____
_____
_____
_____
_____

MEU DOMINGO
7º Domingo do Tempo Comum

Data: ____/____/_____

1ª Leitura:

Cor litúrgica usada ◯

Qual foi a resposta do salmo:

2ª Leitura:

Evangelho:

Descreva nas linhas uma mensagem que você tirou da Liturgia da Palavra e de toda celebração:

_____
_____
_____
_____
_____

LITURGIA DA PALAVRA

MEU DOMINGO
8º Domingo do Tempo Comum

Data: _____/_____/_____

1ª Leitura:

Cor litúrgica usada ◯

Qual foi a resposta do salmo:

2ª Leitura:

Evangelho:

Descreva nas linhas uma mensagem que você tirou da Liturgia da Palavra e de toda celebração:

_____
_____
_____
_____
_____

MEU DOMINGO
9º Domingo do Tempo Comum

Data: _____/_____/_____

1ª Leitura:

Cor litúrgica usada ◯

Qual foi a resposta do salmo:

2ª Leitura:

Evangelho:

Descreva nas linhas uma mensagem que você tirou da Liturgia da Palavra e de toda celebração:

_____
_____
_____
_____
_____

LITURGIA DA PALAVRA

MEU DOMINGO
10º Domingo do Tempo Comum

Data: ____/____/_____

1ª Leitura:

Cor litúrgica usada ◯

Qual foi a resposta do salmo:

2ª Leitura:

Evangelho:

Descreva nas linhas uma mensagem que você tirou da Liturgia da Palavra e de toda celebração:

_____
_____
_____
_____
_____

MEU DOMINGO
11º Domingo do Tempo Comum

Data: ____/____/_____

1ª Leitura:

Cor litúrgica usada ◯

Qual foi a resposta do salmo:

2ª Leitura:

Evangelho:

Descreva nas linhas uma mensagem que você tirou da Liturgia da Palavra e de toda celebração:

_____
_____
_____
_____
_____

LITURGIA DA PALAVRA

MEU DOMINGO
12º Domingo do Tempo Comum

Data: _____/_____/_____

1ª Leitura:

Cor litúrgica usada ◯

Qual foi a resposta do salmo:

2ª Leitura:

Evangelho:

Descreva nas linhas uma mensagem que você tirou da Liturgia da Palavra e de toda celebração:

_____
_____
_____
_____
_____

MEU DOMINGO
13º Domingo do Tempo Comum

Data: _____/_____/_____

1ª Leitura:

Cor litúrgica usada ◯

Qual foi a resposta do salmo:

2ª Leitura:

Evangelho:

Descreva nas linhas uma mensagem que você tirou da Liturgia da Palavra e de toda celebração:

_____
_____
_____
_____
_____

LITURGIA DA PALAVRA

MEU DOMINGO
14º Domingo do Tempo Comum

Data: ____/____/____

1ª Leitura:

Cor litúrgica usada ◯

Qual foi a resposta do salmo:

2ª Leitura:

Evangelho:

Descreva nas linhas uma mensagem que você tirou da Liturgia da Palavra e de toda celebração:

_____
_____
_____
_____
_____

MEU DOMINGO
15º Domingo do Tempo Comum

Data: ____/____/____

1ª Leitura:

Cor litúrgica usada ◯

Qual foi a resposta do salmo:

2ª Leitura:

Evangelho:

Descreva nas linhas uma mensagem que você tirou da Liturgia da Palavra e de toda celebração:

_____
_____
_____
_____
_____

LITURGIA DA PALAVRA

MEU DOMINGO
16º Domingo do Tempo Comum

Data: _____/_____/_____

1ª Leitura:

Cor litúrgica usada ◯

Qual foi a resposta do salmo:

2ª Leitura:

Evangelho:

Descreva nas linhas uma mensagem que você tirou da Liturgia da Palavra e de toda celebração:

_____
_____
_____
_____
_____

MEU DOMINGO
17º Domingo do Tempo Comum

Data: _____/_____/_____

1ª Leitura:

Cor litúrgica usada ◯

Qual foi a resposta do salmo:

2ª Leitura:

Evangelho:

Descreva nas linhas uma mensagem que você tirou da Liturgia da Palavra e de toda celebração:

_____
_____
_____
_____
_____

LITURGIA DA PALAVRA

MEU DOMINGO
18º Domingo do Tempo Comum

Data: ____/____/____

1ª Leitura:

Qual foi a resposta do salmo:

Cor litúrgica usada ◯

2ª Leitura:

Evangelho:

Descreva nas linhas uma mensagem que você tirou da Liturgia da Palavra e de toda celebração:

_____

_____

_____

_____

_____

MEU DOMINGO
19º Domingo do Tempo Comum

Data: ____/____/____

1ª Leitura:

Qual foi a resposta do salmo:

Cor litúrgica usada ◯

2ª Leitura:

Evangelho:

Descreva nas linhas uma mensagem que você tirou da Liturgia da Palavra e de toda celebração:

_____

_____

_____

_____

_____

LITURGIA DA PALAVRA

MEU DOMINGO
20º Domingo do Tempo Comum

Data: _____/_____/_____

1ª Leitura:

Cor litúrgica usada ◯

Qual foi a resposta do salmo:

2ª Leitura:

Evangelho:

Descreva nas linhas uma mensagem que você tirou da Liturgia da Palavra e de toda celebração:

_____
_____
_____
_____

MEU DOMINGO
21º Domingo do Tempo Comum

Data: _____/_____/_____

1ª Leitura:

Cor litúrgica usada ◯

Qual foi a resposta do salmo:

2ª Leitura:

Evangelho:

Descreva nas linhas uma mensagem que você tirou da Liturgia da Palavra e de toda celebração:

_____
_____
_____
_____

LITURGIA DA PALAVRA

MEU DOMINGO
22º Domingo do Tempo Comum

Data: ___/___/_____

1ª Leitura:

Cor litúrgica usada ◯

Qual foi a resposta do salmo:

2ª Leitura:

Evangelho:

Descreva nas linhas uma mensagem que você tirou da Liturgia da Palavra e de toda celebração:

_____
_____
_____
_____

MEU DOMINGO
23º Domingo do Tempo Comum

Data: ___/___/_____

1ª Leitura:

Cor litúrgica usada ◯

Qual foi a resposta do salmo:

2ª Leitura:

Evangelho:

Descreva nas linhas uma mensagem que você tirou da Liturgia da Palavra e de toda celebração:

_____
_____
_____
_____

LITURGIA DA PALAVRA

MEU DOMINGO
24º Domingo do Tempo Comum

Data: _____/_____/_____

1ª Leitura:

Cor litúrgica usada ◯

Qual foi a resposta do salmo:

2ª Leitura:

Evangelho:

Descreva nas linhas uma mensagem que você tirou da Liturgia da Palavra e de toda celebração:

_____
_____
_____
_____
_____

MEU DOMINGO
25º Domingo do Tempo Comum

Data: _____/_____/_____

1ª Leitura:

Cor litúrgica usada ◯

Qual foi a resposta do salmo:

2ª Leitura:

Evangelho:

Descreva nas linhas uma mensagem que você tirou da Liturgia da Palavra e de toda celebração:

_____
_____
_____
_____
_____

LITURGIA DA PALAVRA

MEU DOMINGO
26º Domingo do Tempo Comum

Data: ___/___/_____

Cor litúrgica usada ◯

1ª Leitura:

Qual foi a resposta do salmo:

2ª Leitura:

Evangelho:

Descreva nas linhas uma mensagem que você tirou da Liturgia da Palavra e de toda celebração:

_____
_____
_____
_____

MEU DOMINGO
27º Domingo do Tempo Comum

Data: ___/___/_____

Cor litúrgica usada ◯

1ª Leitura:

Qual foi a resposta do salmo:

2ª Leitura:

Evangelho:

Descreva nas linhas uma mensagem que você tirou da Liturgia da Palavra e de toda celebração:

_____
_____
_____
_____

LITURGIA DA PALAVRA

MEU DOMINGO
28º Domingo do Tempo Comum

Data: _____/_____/_____

1ª Leitura:

Cor litúrgica usada ◯

Qual foi a resposta do salmo:

2ª Leitura:

Evangelho:

Descreva nas linhas uma mensagem que você tirou da Liturgia da Palavra e de toda celebração:

_____
_____
_____
_____
_____

MEU DOMINGO
29º Domingo do Tempo Comum

Data: _____/_____/_____

1ª Leitura:

Cor litúrgica usada ◯

Qual foi a resposta do salmo:

2ª Leitura:

Evangelho:

Descreva nas linhas uma mensagem que você tirou da Liturgia da Palavra e de toda celebração:

_____
_____
_____
_____
_____

LITURGIA DA PALAVRA

MEU DOMINGO
30º Domingo do Tempo Comum

Data: ____/____/_____

1ª Leitura:

Cor litúrgica usada ◯

Qual foi a resposta do salmo:

2ª Leitura:

Evangelho:

Descreva nas linhas uma mensagem que você tirou da Liturgia da Palavra e de toda celebração:

_____
_____
_____
_____
_____

MEU DOMINGO
31º Domingo do Tempo Comum

Data: ____/____/_____

1ª Leitura:

Cor litúrgica usada ◯

Qual foi a resposta do salmo:

2ª Leitura:

Evangelho:

Descreva nas linhas uma mensagem que você tirou da Liturgia da Palavra e de toda celebração:

_____
_____
_____
_____
_____

LITURGIA DA PALAVRA

MEU DOMINGO
32º Domingo do Tempo Comum

Data: ___/___/_____

1ª Leitura:

Cor litúrgica usada ⚪

Qual foi a resposta do salmo:

2ª Leitura:

Evangelho:

Descreva nas linhas uma mensagem que você tirou da Liturgia da Palavra e de toda celebração:

_____
_____
_____
_____
_____

MEU DOMINGO
33º Domingo do Tempo Comum

Data: ___/___/_____

1ª Leitura:

Cor litúrgica usada ⚪

Qual foi a resposta do salmo:

2ª Leitura:

Evangelho:

Descreva nas linhas uma mensagem que você tirou da Liturgia da Palavra e de toda celebração:

_____
_____
_____
_____
_____

LITURGIA DA PALAVRA

MEU DOMINGO
34º Domingo do Tempo Comum
Solenidade de Nosso Senhor
Jesus Cristo Rei do Universo

Data: _____/_____/_____

1ª Leitura:

Cor litúrgica usada ◯

Qual foi a resposta do salmo:

2ª Leitura:

Evangelho:

Descreva nas linhas uma mensagem que você tirou da Liturgia da Palavra e de toda celebração:

_____
_____
_____
_____
_____

SOLENIDADE DO SANTÍSSIMO SACRAMENTO DO CORPO E SANGUE DE CRISTO *(Corpus Christi)*

Data: _____/_____/_____

1ª Leitura:

Cor litúrgica usada ◯

Qual foi a resposta do salmo:

2ª Leitura:

Evangelho:

Descreva nas linhas uma mensagem que você tirou da Liturgia da Palavra e de toda celebração:

_____
_____
_____
_____
_____

Algumas orações cristãs

ORAÇÃO DO PAI-NOSSO

Pai nosso que estais nos céus, santificado seja o vosso Nome, venha a nós o vosso reino, seja feita a vossa vontade, assim na terra como no Céu. O pão nosso de cada dia nos dai hoje; perdoai-nos as nossas ofensas, assim como nós perdoamos a quem nos tem ofendido, e não nos deixeis cair em tentação, mas livrai-nos do mal. (Pois teu é o reino, o poder e a glória para sempre.) Amém.

INVOCAÇÃO AO ESPÍRITO SANTO

Vinde, Espírito Santo,
enchei os corações dos vossos fiéis
e acendei neles o fogo do vosso amor.
Enviai o vosso Espírito, e tudo será criado, e renovareis a face da terra.

Oremos:
Ó Deus,
que instruístes os corações dos vossos fiéis
com a luz do Espírito Santo,
fazei que apreciemos retamente todas as coisas
segundo este mesmo Espírito
e gozemos sempre da sua consolação.
Por Cristo, Senhor nosso. Amém

AVE-MARIA

Ave Maria, cheia de graça (Lc 1,28a),
o Senhor é convosco (Lc 1,28b).
Bendita sois vós entre as mulheres (Lc 1,42a).

e bendito é o fruto do vosso ventre, Jesus! (Lc 1,42b).
Santa Maria, Mãe de Deus,
rogai por nós, pecadores, agora e na hora de nossa morte. Amém!

ORAÇÃO DO *ANGELUS*

L 1: O anjo do Senhor anunciou a Maria,
L 2: e ela concebeu do Espírito Santo.
Todos: Ave Maria, cheia de graça...
L 1: Eis aqui a serva do Senhor,
L 2: faça-se em mim segundo sua palavra.
Todos: Ave Maria, cheia de graça...
L 1: E o Verbo se fez carne
L 2: e habitou entre nós.
Todos: Ave Maria, cheia de graça...
Oremos: Infundi, Senhor, a vossa graça em nossas almas para que, conhecendo pela anunciação do anjo a encarnação de vosso Filho Jesus Cristo, cheguemos, por sua paixão e cruz, à glória da ressurreição.

Por Nosso Senhor Jesus Cristo, vosso Filho, que é Deus convosco, na unidade do Espírito Santo. Amém.

SALVE-RAINHA

Salve, Rainha, Mãe de misericórdia, vida, doçura e esperança nossa, salve! A vós bradamos os degredados filhos de Eva. A vós suspiramos, gemendo e chorando neste vale de lágrimas. Eia, pois, advogada nossa, esses vossos olhos misericordiosos a nós volvei, e depois deste desterro, mostrai-nos Jesus, bendito fruto do vosso ventre, ó clemente, ó piedosa, ó doce e sempre Virgem Maria.

– Rogai por nós, Santa Mãe de Deus!

– Para que sejamos dignos das promessas de Cristo. Amém!

ORAÇÃO AO ANJO DA GUARDA

Santo Anjo do Senhor, meu zeloso guardador, se a ti me confiou a piedade divina, sempre me rege, guarda, governa e ilumina. Amém!

ORAÇÃO PELAS VOCAÇÕES

Jesus, divino Pastor da Santa Igreja, ouvi nossa prece sacerdotal.

Concedei para muitos meninos e jovens, de coração inocente e generoso, a graça do sacerdócio e a perseverança em sua vocação.

Fazei-nos compreender a grande honra e felicidade de termos um padre em nossa família.

Dai-nos a todos sinceros desejos de auxiliar as vocações sacerdotais e religiosas.

Infundi nos formadores do nosso clero, os dons de piedade e ciência para o reto desempenho de sua missão de tanta responsabilidade.

Por intercessão da Virgem Santíssima, santificai e protegei sempre os nossos padres, para que se dediquem com amor e zelo à glória de Deus e à salvação dos homens. Amém.

Carteirinha do Dizimista

1. Recorte a carteirinha e dobre-a ao meio.
2. Recorte a ilustração da Igreja.
3. Cole a ilustração da Igreja na parte interna de sua carteirinha.

Pronto, você já tem a sua carteirinha.

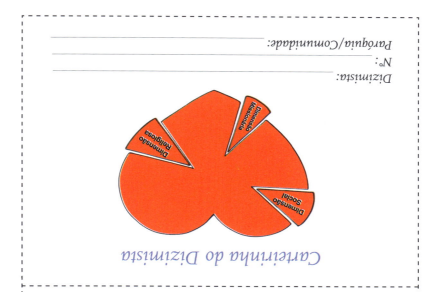

Pastoral catequética e Pastoral do Dízimo

Ser dizimista...

É construir o Reino de Deus.

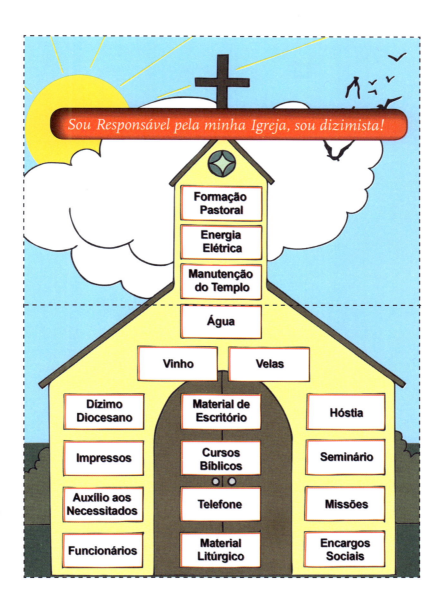

Conecte-se conosco:

facebook.com/editoravozes

@editoravozes

@editora_vozes

youtube.com/editoravozes

+55 24 2233-9033

www.vozes.com.br

Conheça nossas lojas:

www.livrariavozes.com.br

Belo Horizonte – Brasília – Campinas – Cuiabá – Curitiba
Fortaleza – Juiz de Fora – Petrópolis – Recife – São Paulo

EDITORA VOZES LTDA.
Rua Frei Luís, 100 – Centro – Cep 25689-900 – Petrópolis, RJ
Tel.: (24) 2233-9000 – E-mail: vendas@vozes.com.br